NOTICE NÉCROLOGIQUE

SUR

JACQUES LACORNÉE

ARCHITECTE

Officier de la Légion d'Honneur,
Architecte du Conseil d'État, de la Cour des Comptes,
Du Ministère des Affaires étrangères, de la Manufacture impériale des Tabacs,
Membre de la Société des Beaux-Arts de Paris, etc., etc. ;

PAR

A.-L. LUSSON

Ancien Architecte des travaux publics, ancien Commissaire-voyer de 1re classe de la ville de Paris,
Membre de la Société libre des Beaux-Arts et de plusieurs sociétés savantes ;

Lue à la Société libre des Beaux-Arts, dans sa séance du 7 octobre 1856,
à l'hôtel de ville de Paris.

PARIS

IMPRIMERIE DE P.-A. BOURDIER ET Cie

Successeurs de Gustave Gratiot

30, RUE MAZARINE

—

1856

NOTICE NÉCROLOGIQUE

SUR

JACQUES LACORNÉE

ARCHITECTE

Messieurs,

L'année mil huit cent cinquante-six paraît être funeste pour les arts. La mort vient de nous enlever un artiste distingué, Lacornée, architecte, dont le mérite et la modeste simplicité inspireront éternellement des regrets à tous ceux qui l'ont connu. La France s'honore de ses œuvres, Paris lui doit plusieurs de ses grands et beaux monuments : le palais du Conseil d'État, celui des Affaires étrangères, la Manufacture impériale des tabacs, etc., etc. Quoique d'un âge déjà avancé, ses amis espéraient le conserver longtemps encore.

Ses succès à l'École d'architecture ont été brillants et nombreux; mais loin de s'arrêter à de premiers encouragements, il travaillait sans relâche à compléter et à développer ses études par une pratique incessante appliquée à la théorie. Aussi ses constants efforts l'ont-ils fait devenir habile dans sa profession.

Élève, comme l'auteur de cette notice, vers la fin de la république, et pendant le consulat et l'empire, époque à laquelle l'argent avait malheureusement un grand prix et où les artistes étaient contraints à une stricte économie, triste et déplorable nécessité qui restreint l'imagination et borne les idées de l'architecte dans les projets qu'il médite, Lacornée était gêné dans l'exécution de ses œuvres, et les belles conceptions qu'il avait rêvées, il les voyait avortées ou même détruites les unes après les autres.

Jacques Lacornée est né le 20 avril 1779, à Bordeaux, département de la Gironde. Depuis la révolution de 1789, l'aptitude qui lui fit embrasser la carrière des arts, il la reçut en partie en naissant. Son père, Pierre Lacornée, exerçait la modeste et honorable profession de tailleur de pierres. Cette profession obligeant de connaître le dessin linéaire et la coupe des pierres, il aura probablement été employé à la construction des édifices que Bordeaux faisait exécuter à cette époque. Et l'histoire des architectes nous offre plus d'un exemple de fils de tailleur de pierres devenus de grands artistes. L'esprit de famille avec ses vénérables traditions existait encore au dix-huitième siècle. C'est dans cet esprit que Jacques Lacornée fut élevé, et il y puisait le désir de continuer la profession de son père en la développant et en l'ennoblissant par l'art et la science de la construction. Un architecte doit connaître la coupe de la pierre et être au besoin capable de la tailler; il était donc tout naturel qu'il devînt architecte, et cela est encore un des mérites de l'artiste dont nous nous occupons. Il continua en s'élevant la tradition de race. Son imagination a dû être frappée par l'aspect grandiose des belles constructions et des beaux édifices de Bordeaux, surtout de son immense théâtre construit avec une grande richesse, d'un effet magique et un des plus importants de l'Europe, qui rendent cette ville une des plus remarquables de France.

Lacornée fit ses études artistiques à Bordeaux, jusqu'en 1799; il eut pour maître en mathématique Lescan, en dessin Lacour, et en architecture Bonfin. Il remporta le premier prix de dessin d'après la bosse, ainsi que le premier prix d'après le modèle vivant. A vingt ans il quitta Bordeaux pour suivre des études plus hautes et plus développées. Il vint par conséquent à Paris en 1800, et fut admis aux leçons de Bonnard, architecte du gouvernement; en 1802, il entra à l'École spéciale d'architecture de Paris; le 21 avril 1803 il fut reçu au concours d'essai pour le grand prix d'architecture; le 11 octobre il obtint une première médaille pour le projet d'une maison de santé à peu de distance d'une grande ville, et une autre première médaille pour le projet d'un arsenal de terre; de plus une première médaille en 1804, pour la composition d'un prytanée à l'instar des anciens. Lacornée continua avec assiduité et succès ses études à l'École d'architecture jusqu'à l'année 1808. Il remporta neuf premières médailles, deux secondes médailles, deux admissions en loge: le 19 avril 1806, le premier accessit du prix départemental; le 15 septembre de la même année, le troisième grand prix, et enfin le 23 avril 1808, le grand prix départemental, après l'obtention duquel il n'est plus permis de concourir à Paris.

Lors d'une visite de Napoléon le Grand à l'École impériale d'architecture, on lui recommanda le jeune Lacornée comme un élève studieux et d'avenir qui était incorporé dans un régiment. Sa Majesté, qui aimait et protégeait les arts et les artistes, donna des ordres pour qu'il continuât ses études de l'art dans lequel on prévoyait déjà qu'il occuperait une place distinguée.

Lacornée n'obtint pas la faveur du grand prix de Rome, et il ne lui fut pas donné d'aller visiter les monuments d'Italie. Cette distinction ne fut certes pas refusée à son talent, car ses œuvres prouvent qu'il avait de la supériorité; l'esprit des juges d'alors, il faut bien le dire, était absolu et par conséquent étroit. Or, on aperçoit dans les conceptions de Lacornée des tendances à l'inspiration de la belle

et riche architecture de la Renaissance et du dix-
septième siècle. C'était se rendre alors coupable d'hé-
résie aux yeux de l'école qui était romaine antique
toute d'une pièce. On récompensa les efforts et le
talent du jeune Lacornée, mais on coupa les ailes à
son imagination, dont on arrêta par là le développe-
ment et l'essor. Il fut obligé de limiter ses études aux
quelques monuments du seizième siècle que ren-
ferme Paris, et ces études restreintes de Lacornée
entravèrent et contrarièrent ses progrès; on le devine
et on le voit clairement dans les plans, les façades
et les intérieurs des monuments qu'il a conçus et
édifiés; on ne doit donc pas lui tenir un compte
rigoureux des difficultés, peut-être non entièrement
vaincues, que la critique sévère pourrait découvrir
dans les grandes conceptions de Lacornée. C'est à
l'Académie des Beaux-Arts qu'elle en renverra les
reproches, car c'est elle qui indirectement en est la
cause. S'il avait été donné à l'auteur du palais des
Affaires étrangères de visiter, d'étudier les nombreux
palais d'Italie, de méditer sur leur distribution, leur
caractère et leur style, il aurait, en homme intel-
ligent et amoureux de son art, peut-être modifié
ses idées, étudié ses projets avec un plus grand fonds
de richesses, vaincu avec plus de bonheur encore
certaines exigences imposées, et inculqué enfin un
cachet plus original encore aux œuvres qu'il a lais-
sées à la postérité. Ajoutons que Lacornée n'est pas

le seul talent que l'Académie ait froissé et entravé. Cela est triste, mais juste à dire.

Sorti des études théoriques de son art, Jacques Lacornée entra dans la pratique. Il fut chargé, en 1810, de la première inspection des constructions du palais des Relations extérieures. On lui confia la rédaction des plans et des détails d'exécution pendant les années 1812 et 1813, où l'on ne bâtissait guère ; il construisit des maisons particulières, une rue du Bac, une passage Sainte-Marie, et une troisième rue du Faubourg-du-Temple ; c'est dans sa façade de la maison de la rue du Bac qu'on trouve déjà la tendance de Lacornée à imiter l'architecture pittoresque du siècle de François Ier. En 1817 et 1818, on lui donna l'inspection générale des travaux de construction de la Manufacture des tabacs de Paris. Son maître en architecture, qui ne cessa de lui témoigner de l'affection, lui confia aussi l'inspection de travaux particuliers. On se souvient que son maître était M. Bonnard, membre de l'Institut. Quand ce dernier mourut, Lacornée fut nommé, le 21 octobre 1818, par le ministre des affaires étrangères, architecte du ministère et du palais sur le quai d'Orsay. Sa nomination, signée par M. le duc de Richelieu, est datée d'Aix-la-Chapelle. M. le duc de Richelieu représentait la France au congrès. Ce ministre protecteur éclairé des arts, à qui l'on doit les nombreux édifices d'utilité publique qu'il a fait ériger à

Odessa pendant qu'il était gouverneur de la province, n'a pas voulu retarder la nomination d'un artiste aussi distingué que Lacornée. C'est encore à ce grand ministre, dont malheureusement l'administration en France fut si courte, que la ville de Bordeaux doit son grand et bel hôpital, qu'il fonda et paya de ses deniers (presque toute sa fortune), nobles et belles actions si rares dans notre siècle, et que j'ai cru devoir rappeler ici comme un témoignage d'admiration et de reconnaissance que lui doivent les arts. Ce fut certes une distinction pour Lacornée de succéder à son maître et protecteur. Le 17 novembre suivant, il fut nommé par le directeur général des contributions indirectes à la place d'architecte de cette administration. En 1820, Lacornée restaura la maison de campagne de M. Charles de Rayneval, sise à Auteuil, près Paris. Il reconstruisit aussi le château de Jasselot et ses dépendances, château qui appartenait au marquis de Martinville, alors maire de Rouen. Il répara et décora encore le château de Saint-Just, propriété du maréchal duc d'Albuféra, et dirigea les travaux d'aménagement de l'ambassadeur de Russie, dans l'hôtel Thélusson. En 1822 et 1823, Lacornée fut chargé des travaux de construction de la Manufacture des tabacs, à Lille, et de la rédaction des plans nécessaires à la construction de celle de Toulouse.

Il construisit en même temps un vaste magasin des tabacs en feuilles à Saint-Pol, dans le département du

Pas-de-Calais ; en 1823, il s'occupa de la rédaction de plans pour un palais de justice et pour une prison destinée à la ville de Guéret, dans le département de la Creuse. On a de lui, au cimetière du Père-Lachaise, le tombeau du duc Decrès, ancien ministre de la marine sous le consulat et l'empire. En 1824, il bâtit la maison de campagne de Ch. B. à Passy, près Paris ; en 1827 et 1828, un grand magasin de tabac en feuilles à la manufacture de Paris et le bâtiment de l'administration de la manufacture impériale des tabacs sur le quai d'Orsay, à Paris.

Mais les deux œuvres capitales de Jacques Lacornée sont la continuation et l'achèvement du palais du Conseil d'État ; la conception et l'édification complète du palais du ministère des affaires étrangères.

Ce vaste palais du Conseil d'État et de la Cour des comptes situé sur le quai d'Orsay, isolé de toutes parts, a été commencé pour le ministère des affaires étrangères sous le premier empire, d'après les belles conceptions du grand Napoléon ; mais les événements empêchèrent malheureusement son achèvement qui n'eut pas lieu sous son règne. Les travaux furent suspendus jusqu'au règne de Louis-Philippe, qui en changea la destination, et le fit achever pour placer la Cour des Comptes et le Conseil d'État ; mais avec cette économie mal entendue et avec cette parcimonie que les Chambres d'alors aimaient et préconisaient. Aussi les grands escaliers furent-ils changés. Ils n'ont plus ce beau caractère qui convient à un semblable édifice. Lacornée fut même obligé, à son grand regret, de faire exécuter des décorations qu'il savait être d'un effet déplorable.

Quatre grandes voies entourent ce beau monument, le quai d'Orsay, la rue de Lille, la rue Belle-Chasse et la rue de Poitiers. Cet édifice a trois étages, le rez-de-chaussée est d'ordre dorique romain à colonnes engagées ; le premier étage est d'ordre ionique : ces deux ordres sont couronnés par une attique un peu dans le goût de la Renaissance et qui forme le troisième étage. Ce palais a trois cours, la grande cour d'honneur, et à gauche et à droite, deux autres destinées aux dépendances.

La principale façade est sur la rue de Lille, deux avant-corps forment une faible saillie sur le centre de la façade, afin de donner plus de largeur à l'entrée de l'édifice ; dans toute la longueur de la façade en renfoncement, dix-neuf arcades à jour forment un portique qui précède la grande cour d'honneur. Le rez-de-chaussée est élevé d'environ deux mètres, hauteur des piédestaux sur lesquels portent les colonnes engagées de l'ordre dorique ; on y monte par des perrons placés dans les corps de logis à droite et à gauche de la cour d'honneur ; sur la façade, les arcades du premier étage, à jour comme celles du rez-de-chaussée, donnent de la richesse, de la grandeur, du mouvement à sa décoration, et forment une loge ou galerie d'un bel effet. Il est à regretter qu'il n'y ait pas une place en avant de ce beau monument. La cour est vaste et entourée de brillantes arcades qui forment des galeries au rez-de-chaussée et au premier étage ; l'effet en est grandiose, et elles servent à communiquer aux escaliers et aux divers appartements et pièces destinés au service des deux grands corps qui occupent ce vaste palais.

La façade sur le quai d'Orsay est en retraite sur les alignements des constructions du quai et forme une espèce de place qui permet de bien juger l'aspect de l'édifice. La portion qui est en retraite sur la rue de Lille forme avant-corps sur le quai. Cet avant-corps a dix-neuf arcades au rez-de-chaussée et au premier étage. Elles sont vitrées et servent à éclairer les principales pièces de ce beau palais. Le troisième a des croisées carrées pratiquées dans l'attique qui couronne ce grand monument.

Les deux arrière-corps sont ornés de pilastres au lieu de colonnes engagées comme sur la principale façade, probablement encore par économie. L'effet est moins agréable, et les petites croisées, formant entre-sol, pratiquées dans les hauteurs du rez-de-chaussée et du premier étage pour éclairer les bureaux placés du côté des rues de Belle-Chasse et de Poitiers, nuisent malheureusement au grand caractère de ce palais.

Les façades sur les rues Belle-Chasse et de Poitiers

donnent des entrées sur les deux cours secondaires
dont nous avons parlé. Ces deux façades sont beaucoup moins riches que les deux autres, elles ne sont
pas tout à fait en rapport avec les deux principales
façades ; les saillies donnent de la vie et du caractère à l'architecture ; mais ces saillies produisent
beaucoup de cubes de pierres, ce qui augmente la
dépense qui est souvent refusée aux architectes.
Cette malheureuse parcimonie empêche quelquefois
de beaux effets dans l'exécution de nos grands
monuments.

Les bureaux de la Cour des comptes occupent la
partie à gauche de la cour d'honneur, et le Conseil
d'État la partie à droite.

Les escaliers ont été modifiés et même changés
lorsque le monument était presque achevé, de telle
sorte qu'ils n'ont plus l'importance qu'ils avaient
dans l'origine, et des influences fâcheuses ont aussi
obligé l'architecte à des décorations qu'il n'eût pas
laissé exécuter s'il eût agi en toute liberté. Mais tous
ceux qui verront la belle galerie ou grande salle du
Conseil d'État, qui occupe la majeure partie de la
façade du rez-de-chaussée, sur le quai d'Orsay, en
seront émerveillés ; elle est d'un grand style avec de
belles proportions, bien décorée, d'un grand effet et
ornée de belles peintures et sculptures. C'est une des
galeries les plus remarquables de Paris, et qui fait le
plus grand honneur à Lacornée.

Le dernier règne, qui a fait terminer ce monument, était restreint dans ses désirs ; les chambres étaient si passionnées dans leurs économies, qu'elles avaient presque enlevé toute initiative au ministère, et n'ont pas permis d'achever quelques parties de peinture dans plusieurs pendentifs de cette grande et belle galerie ; et, comme il n'y avait pas, comme aujourd'hui, dans le gouvernement, une volonté unique et forte qui comprît la grandeur de la France et l'importance des beaux-arts, personne n'a voulu ou osé réclamer l'achèvement de ces peintures ; il est à regretter que ce palais n'ait pas été terminé pour sa première destination. On a fait des économies aux dépens de l'art, et cependant Lacornée a bien étudié l'ensemble et les détails ; cela était dans son caractère ; ses travaux ont été agréables pour lui et ils ont duré longtemps. Il avait l'habitude, louable sans doute, de vouloir tout faire par lui-même, comme les hommes instruits et habiles, et les longues années qu'on a mis à terminer ce monument lui ont permis de se satisfaire à cet égard. Il considérait ses élèves ou les collègues qui étaient là pour le seconder presque comme des copistes, et ne se servait pas toujours de leur talent. Il croyait ne pouvoir arriver à l'unité et à un bel ensemble que par sa propre initiative, sa propre spontanéité.

Il était quelquefois un peu sévère et ne supportait que médiocrement les observations.

Le palais des Affaires étrangères est également

situé sur le quai d'Orsay, mais au delà du pont de
la Concorde et à l'angle de l'esplanade des Invalides.

Cet édifice, construit en retrait de l'alignement du
quai, forme une espèce de place fermée par une belle
grille en fer ; il est élevé de plusieurs mètres au-
dessus du sol, formant soubassement, permettant de
bien éclairer les cuisines. La principale façade est
sur le quai. Deux grands perrons, placés à ses extré-
mités, indiquent les principales entrées ; deux grandes
portes à terminaisons circulaires occupent presque
toutes les façades de ces deux avant-corps, dans la
hauteur du rez-de-chaussée ; au-dessus de ces deux
portes sont placés deux grands balcons bien étudiés,
avec des consoles peut-être un peu volumineuses.

Dans la partie de la façade, en arrière-corps, sont
de belles et brillantes croisées avec chambranles,
frises et corniches bien étudiées.

La façade, dans la hauteur du rez-de-chaussée,
est ornée d'un ordre dorique romain avec colonnes
engagées d'un tiers, et le premier étage de l'ordre
ionique aussi avec colonnes engagées, bien ajustées
et d'une belle proportion ; ce dernier ordre brill-
lamment étudié est couronné par une balustrade qui
termine l'édifice dans toutes ses parties. On aperçoit
cependant un peu les combles dans lesquels on a
ménagé des logements pour les gens de service. Au-
dessus des croisées éclairant les pièces du rez-de-

chaussée sont ajustées avec élégance des tables en-
cadrées de moulures pour remplir l'intervalle entre
les croisées et l'entablement. Au-dessus des croisées
du premier étage sont des espèces de médaillons circulaires, heureusement combinés, dont le centre est
en marbre encadré par des ornements. Je crois qu'ils
devaient être ornés de sculptures ou d'inscriptions.

L'intérieur de ce palais est ainsi distribué : Au
rez-de-chaussée sont placés les grands appartements
de réception ; au premier étage, les appartements
destinés à l'habitation ordinaire du ministre, ainsi
que son cabinet. Les appartements sont décorés avec
beaucoup de luxe et à grands frais ; ils rappellent un
peu le style de Louis XIV et de Louis XV. On voit
que ce palais a été exécuté avec plus de promptitude
que celui du Conseil d'État, et comme nous l'avons
déjà dit, Lacornée, voulant presque tout faire par
lui-même, manqua de temps pour étudier plusieurs
parties intérieures de son œuvre dont on lui fit trop
accélérer l'exécution.

La distribution est belle et commode et d'un grand
aspect. Les cuisines sont exécuteés dans le soubassement en sous-sol avec un luxe et des dépendances
considérables.

Ce beau monument a sa façade principale sur le
quai ; celle opposée est sur un très-beau jardin ; au
fond de ce jardin et sur la rue de l'Université on
voit un vaste bâtiment construit pour les archives

du ministère des Affaires étrangères, dont les intérieurs ne sont pas encore totalement achevés.

Sur la rue longeant l'esplanade des Invalides
est un très-grand corps de bâtiment pour ainsi dire
séparé du palais, qui a quatre étages et où sont placés les bureaux. Cependant une petite galerie cou-
verte, en terrasse, au niveau du premier étage,
met en communication les bureaux avec le palais.

Je crois qu'il est regrettable que la vaste construction des bureaux n'ait pas été conçue dans un ensemble plus parfait avec le palais, ainsi que les
Archives. Peut-être a-t-on voulu que ce dernier
édifice fût tout à fait isolé. Nous avons appris que
Lacornée avait fait un premier projet plus complet
et d'un ensemble plus parfait, qui n'a pas été adopté
sans doute par économie, ce dont nous avons déjà
déploré le malheureux système.

Ici on doit encore tenir compte à l'architecte des
influences qui ont souvent concouru à modifier et
même à altérer désagréablement ses conceptions artistiques.

Lacornée a été heureux d'avoir exécuté d'aussi
beaux travaux. Il est rare qu'un architecte puisse terminer dans le cours de sa vie d'aussi grands édifices;
mais il a prouvé qu'il en était digne et qu'il méritait
la confiance qu'on avait dans son talent. Paris lui
devra deux de ses plus beaux monuments et la
Manufacture impériale des tabacs.

Sous le règne de Louis-Philippe, Lacornée fut nommé chevalier de la Légion d'honneur, et à son entrée au ministère des affaires étrangères, M. le comte Walewski, qui saisit toujours avec empressement toutes les occasions de protéger et d'encourager les arts, l'a fait nommer officier de cet ordre.

Il ne lui a manqué que les honneurs de l'Institut, mais nous avons appris que ses confrères l'en croyaient tout à fait digne, et que s'il avait voulu faire les démarches nécessaires et d'usage, il eût infailliblement fait partie de ce corps illustre. Mais depuis longtemps il était isolé et maladif, et son extrême modestie lui a fait craindre que ses démarches ne fussent pas aussi bien accueillies qu'il l'aurait désiré; ayant déjà vu surtout beaucoup de ses collègues, plus jeunes que lui, et qui n'avaient pas autant fait, arriver à cet honneur, il avait éprouvé une espèce de contrariété et de découragement.

Le quai d'Orsay était favorable pour Lacornée; il y a construit un troisième monument : la Manufacture impériale des tabacs, entre le pont des Invalides et le pont de l'Alma ; cet édifice n'a pas l'importance des deux autres, mais on y remarque le talent d'un grand architecte.

Nous ne nous étendrons pas davantage sur les immenses travaux de notre vénérable collègue, mais n'oublions pas de dire qu'il a joui de l'estime des hommes d'État qui se sont succédé au ministère des affaires étrangères, lesquels ont apprécié son talent et l'intégrité de son caractère. Dans les rangs plus modestes de l'administration, nous avons aussi recueilli des témoignages de grande estime et de considération en faveur du talent et du caractère franc et loyal de notre confrère. On y conserve même un souvenir affectueux de sa personne.

Sa famille doit réunir tous ses dessins, minutes et objets d'art dans une espèce de musée à Bordeaux, sa ville natale, qui s'enorgueillira à juste titre d'avoir donné le jour à un artiste aussi distingué. Cette précieuse collection rappellera à la postérité les bontés, les vertus et le grand talent de notre digne et bien regrettable collègue.

A.-L. LUSSON,

Ancien Architecte des travaux publics, etc., etc.,
Membre de la Société libre des Beaux-Arts de Paris.

Paris. — Imprimerie de P.-A. BOURDIER et Cᵉ, succ. de G. Gratiot, 30, rue Mazarine.